J'aime mon métier

Enseignante

Édition publiée par les Éditions Scholastic,
604, rue King Ouest, Toronto (Ontario) M5V 1E1
avec la permission de Quarto Group.

5 4 3 2 1   Imprimé en Chine CP141   10 11 12 13 14

Auteure : Amanda Askew

Concepteur graphique et illustrateur : Andrew Crowson

Directrice artistique : Zeta Davies

Catalogage avant publication de Bibliothèque et Archives Canada

Askew, Amanda

Enseignante / Amanda Askew ;
illustrations d'Andrew Crowson ;
texte français d'Isabelle Allard.

(J'aime mon métier)
Traduction de: Teacher.
Pour les 4-7 ans.

ISBN 978-1-4431-0388-6

1. Enseignants--Ouvrages pour la jeunesse.
I. Crowson, Andrew   II. Allard, Isabelle
II. Titre.   IV. Collection: J'aime mon métier

LB1775.A8514 2010   j371.1
C2010-902789-2

Les mots en **caractères gras** sont expliqués dans le glossaire de la page 24.

Enseignante

Amanda Askew

Illustrations d'Andrew Crowson

Texte français d'Isabelle Allard

Éditions ■SCHOLASTIC

Voici Kimi. Elle est enseignante à l'école Champfleuri. Elle enseigne aux enfants de cinq et six ans.

Quand Kimi arrive à l'école, Bob, le **concierge**, est en train de balayer la **cour de récréation**.

Carole, la **secrétaire**, prépare les **registres de présences**.

Pierre, le **directeur**, discute avec un **enseignant**.

À 9 heures, les élèves arrivent. Ils sont bruyants.

— Bonjour, madame Kimi!

— Un peu de silence! Je vais prendre les présences.

Kimi coche le nom des enfants présents et inscrit un « A » devant celui des **absents**.

Lundi 21 février

Matin   Numératie
                       Sciences

Après-midi   Littératie

— J'ai écrit l'horaire de la journée sur le **tableau blanc**. Ce matin, nous allons compter des pièces de monnaie.

— Sur la table, il y a des pièces de 10 cents, de 5 cents et de 1 cent. Comment peut-on les regrouper pour obtenir 13 cents, 5 cents et 20 cents?

Kimi et son assistante Julia
font le tour de la classe
pour aider les enfants.

10

— J'ai fini, madame Kimi!

— Combien de façons as-tu trouvées, Renaud?

— Six façons!

— Bravo!

DRING! DRING! C'est la récréation!

Comme il pleut dehors, les élèves jouent calmement à l'intérieur. Jade et Lison s'amusent avec des ours en peluche.

Jonathan et Jérémie construisent des tours avec des cubes.

Claire, Alice et Marion regardent un livre sur les animaux sauvages.

13

Après la récréation,
Kimi et les enfants
plantent des fèves.
Chacun doit remplir
un pot de terre,
ajouter une graine,
puis l'arroser.

— Mettons quelques pots près de la fenêtre, et les autres dans l'armoire. Nous verrons quelles plantes pousseront le mieux.

DRING! DRING! Il est midi!
Kimi mange avec ses élèves. Certains ont apporté leur repas de la maison. Jacob a un sandwich au fromage, un yogourt et une banane.

D'autres enfants prennent le repas de l'école.

Marion mange des pâtes aux champignons, du maïs, du jambon et du brocoli.

17

Durant l'après-midi, Kimi lit un livre aux enfants.

C'est l'histoire d'une souris qui vit dans un phare.

— Je dois aider mon amie! dit Kimi avec une petite voix de souris.

Tous les enfants éclatent de rire!

— Que savez-vous sur les souris? demande-t-elle.

— Elles sont très petites.

— Elles ont des moustaches et une longue queue.

— J'ai une souris qui s'appelle Rita!

— Excellent. Maintenant, dessinez une souris et écrivez ses aventures!

— Bravo! Vous avez bien travaillé aujourd'hui. Mme Julia va afficher vos dessins sur le mur. Chantons une chanson avant que la cloche sonne.

22

Jamais on n'a vu, vu, vu,
jamais on ne verra, ra, ra
la queue d'une souris, ris, ris
dans l'oreille d'un chat, chat, chat!

Glossaire

Absent : qui n'est pas à l'école.

Concierge : personne qui s'occupe de l'entretien et du nettoyage de l'école.

Cour de récréation : espace extérieur où jouent les élèves.

Directeur : personne qui est responsable de l'école.

Horaire : liste des activités de la journée.

Registre de présences : liste des élèves permettant à l'enseignant de vérifier qui est à l'école.

Secrétaire : personne qui s'occupe, entre autres, des dossiers et des registres de présences.

Tableau blanc : tableau sur lequel les enseignants écrivent avec des marqueurs spéciaux.